BEI GRIN MACHT SICH IHR WISSEN BEZAHLT

- Wir veröffentlichen Ihre Hausarbeit,
  Bachelor- und Masterarbeit

- Ihr eigenes eBook und Buch -
  weltweit in allen wichtigen Shops

- Verdienen Sie an jedem Verkauf

Jetzt bei www.GRIN.com hochladen und kostenlos publizieren

Bibliografische Information der Deutschen Nationalbibliothek:

Die Deutsche Bibliothek verzeichnet diese Publikation in der Deutschen National-
bibliografie; detaillierte bibliografische Daten sind im Internet über http://dnb.d-
nb.de/ abrufbar.

Impressum:

Copyright © 2017 GRIN Verlag, Open Publishing GmbH
Druck und Bindung: Books on Demand GmbH, Norderstedt Germany
ISBN: 9783668584990

Dieses Buch bei GRIN:

https://www.grin.com/document/382904

Sophie Marie Stahl

Marktbeschreibung und Analyse eines Premium Fitness-studios in einer Großstadt

GRIN Verlag

GRIN - Your knowledge has value

Der GRIN Verlag publiziert seit 1998 wissenschaftliche Arbeiten von Studenten, Hochschullehrern und anderen Akademikern als eBook und gedrucktes Buch. Die Verlagswebsite www.grin.com ist die ideale Plattform zur Veröffentlichung von Hausarbeiten, Abschlussarbeiten, wissenschaftlichen Aufsätzen, Dissertationen und Fachbüchern.

Besuchen Sie uns im Internet:

http://www.grin.com/

http://www.facebook.com/grincom

http://www.twitter.com/grin_com

Deutsche Hochschule für
Prävention und Gesundheitsmanagement
Hermann Neuberger Sportschule 3
66123 Saarbrücken

Hausarbeit (kollektive Prüfungsleistung)

Name, Vorname	Stahl, Sophie Marie
Modul	Marketing 1
Studiengang	Fitnessökonomie
Datum Präsenzphase	10.04.2017-12.04.2017
Studienort	Köln
Gruppe bzw. zu bearbeitende Stadt	Berlin
Unternehmenstyp*	**Fitnessstudio, Gesundheitsstudio**

* abhängig von Aufgabenstellung: jeweils den zu bearbeitenden „Unternehmenstyp" eintragen

Inhaltsverzeichnis

1 Marktbeschreibung/-analyse

1.1 Allgemeine Informationen über den Unternehmenstyp

Die Hauptzielgruppe des Gesundheitsstudios in Berlin Oberschönweide reicht aufgrund des umfassenden Angebotes von einer relativ weiten Alterszeitspanne zwischen 30 und 85 Jahren. Die Zielgruppe ist aufgrund von gesundheitlichen Beschwerden wie zum Beispiel Bandscheibenvorfällen oder Arthrose größtenteils gewillt Sport zu treiben, einige kommen jedoch auch mit einer Reha Sport-Verordnung eines Arztes in das Fitnessstudio. Andere, meist die etwas jüngere Generation, kommt jedoch auch ohne gesundheitliche Beschwerden aufgrund des umfassenden Angebotes und der individuellen Betreuung des Gesundheitsstudios. Allen Mitgliedern ist es wichtig, sowohl präventiv als auch rehabilitativ etwas für ihre Gesundheit zu tun. Die Hauptzielgruppe verfügt bereits über ausreichende Kaufkraft und ist bereit etwas höhere Preise für ihre Gesundheit zu investieren. Die Trainingsmotivation ist hier also größtenteils sehr hoch. Durch das breit gefächerte Angebot und sehr gut ausgebildetes Personal, welches es als wichtig ansieht, den Kunden ganzheitlich zu betreuen und daher neben regelmäßig neuen Trainingsplangestaltungen (mindestens alle drei Monate) auch zum Beispiel Ernährungsberatung, „In Body" Körperzusammensetzungsanalysen „Dr. Wolff Back-Check-Analysen" anbietet, grenzt sich das Gesundheitsstudio von anderen Fitnessstudios in der Umgebung ab. Es verfügt über einen Saunabereich mit zwei verschiedenen Saunen, einer großen Trainingsfläche mit vielen Geräten, einem extra „Rückenzirkel" mit „Dr. Wolff" Geräten, einem kleinen Freihantelbereich, drei Kursräumen und natürlich Umkleiden mit Spinten, WC und Duschen. Das Kurangebot bietet alles von Zumba und Yoga bis hin zu „High Intensity Kursen". Zudem arbeitet das Gesundheitsstudio mit Krankenkassen zusammen, was dem Kunden vergünstigte Präventionsangebote oder rehabilitatives Training mit Verordnung eines Arztes ermöglicht. Um dieses breite Spektrum bieten zu können, liegt die Preispolitik des Gesundheitsstudios bei 50 Euro pro Monat. Dazu kommt ein einmalig zu zahlendes „Service-Paket" von 69€, um die ständigen Analysen und die permanente Betreuung eines Trainers zu gewährleisten . Zusätzliche Dienstleistungen wie individuelle Ernährungspläne oder regelmäßiges Personal Training (mindestens zwei Mal pro Woche) sind dabei exklusive zu sehen. Das Marketing des Studios basiert auf Weiterempfehlungen der Kunden durch hohe Kundenzufriedenheit, sowie auf Kooperationen zu verschiedenen Ärzten, die den Kunden Verordnungen ausstellen und dieses Gesundheitsstudio empfehlen.

1.2 Lage und Standort des Unternehmens

Der Standort des geplanten Gesundheitsstudios hat die Anschrift Clayallee 328-334 in 14169 Berlin. Es befindet sich in dem Einkaufszentrum „Zehlendorfer Welle". Mit den öffentlichen Verkehrsmitteln ist das Fitnessstudio schnell zu erreichen. Der nächstgelegene S-Bahnhof Zehlendorf liegt nur zwölf Gehminuten und vier Minuten mit dem Auto entfernt. Zusätzlich halten direkt vor dem Studio, sowie an der Haltestelle Zehlendorf Eiche zentrale Buslinien. Für Kunden, die das Studio mit dem Auto erreichen möchten, stehen rund 360 Parkplätze zur Verfügung (Wolfgang Scholvien, 2016). Zudem befindet sich zum Beispiel auch ein Rewe Markt von etwa drei Minuten, ein Drogeriemarkt mit etwa 5 Minuten Gehzeit und ein Saturn mit ca. fünf Minuten Gehzeit in der Nähe. Da Gesundheitsstudio ist also mit seiner Lage in dem Einkaufszentrum sehr zentral angesiedelt und daher gut zu erreichen. Da sich die Hauptzielgruppe des Gesundheitsstudios ab 30 Jahren aufwärts bezieht, ist der Berliner Ortsteil Zehlendorf optimal für die Anlage. Hier beträgt das Durchschnittsalter, auf dem Stand vom Jahr 2014, 46,4 Jahre (Amt für Statistik Berlin-Brandenburg, 2015, S. 7). Zudem weist der Ortsteil (Steglitz-) Zehlendorf eine sehr geringe Arbeitslosenquote gegenüber anderen Ortsteilen in Berlin auf. Auswertungen von dem Jahr 2017 im März ergeben, dass dort nur eine Quote von 8,3% aller zivilen Erwerbspersonen herrscht (Bundesagentur für Arbeit, 2017, S. 10). Somit besteht hier zumindest theoretisch eine höhere Wahrscheinlichkeit, dass Kunden, die für den Standort in Frage kommen, eine höhere Kaufkraft als in anderen Ortsteilen Berlins aufweisen.

1.3 Bestimmung von zwei Marktgebieten

Abbildung 1: Bestimmung des Marktgebietes und Standort des geplanten Unternehmens (grün) und dessen zwei stärksten Mitbewerber (gelb und rot)

Abbildung wurde für die Veröffentlichung wegen urheberrechtlichen Gründen entfernt

1.4 Makroumfeldanalyse und Abschätzung des Marktpotentials

Tab.: 1: Regionaldaten Berlin

Kaufkraft	91,4 (GfK Kaufkraft Deutschland 2016)	
Arbeitslosenquote März 2017	9,4% (Regionaldirektion Berlin-Brandenburg der Bundesagentur für Arbeit, Bundesagentur für Arbeit)	
Altersverteilung	Unter 6 Jahre	5,90%
	6-15 Jahre	7,48%
	15-18 Jahre	2,34%
	18-25 Jahre	7,12%
	25-45 Jahre	31,12%
	45-60 Jahre	21,50%
	60-65 Jahre	5,47%
	65-75 Jahre	9,42%
	75 und mehr	9,65%
Einwohner, die im Marktgebiet leben	670.000	
Marktpotenzial im Marktgebiet	56.280	

(490.000 + 180.000 * 0,7) * 0,12= 56.280

1.5 Wettbewerbsanalyse

Tab.: 2: Wettbewerbsanalyse

	Elan Lifestyle Club Berlin (Elan Lifestyle Club, 2017)	Clever Fit Berlin Zehlendorf (Clever Fit Berlin Zehlendorf, 2017)
Standort	Drakestr.51 12205 Berlin	Martin-Buber-Straße 12 14163 Berlin-Zehlendorf
Preispolitik	Schüler: • 34 € bei 6 Monaten • 29 € bei 12 Monaten Erwachsene: • 54 € bei 12 Monaten • 45 € bei 24 Monaten Einmalige Aufnahmegebühr von 89 €	• „Basic": 19,90/ Monat (ohne „Clever Sun" &"Clever Relax" & Getränke) • „All in" 29,90/Monat • Aufnahmegebühr: 19,90 € • Zusätzlich 19,90 € für „Kid-Band"
Unternehmenstyp	Einzelunternehmen	Franchise

5

Leistungen	• Fitness: Geräte-und Cardiotraining, Reha, TRX, Amplitrain, Personal Training • Kurse: Gruppentraining • Wellness: Sauna, Massage, Solarium	• Fitness: TRX, Geräte-und Cardiotraining, Vibrationstraining, Solarium, Fitness TV, Lounge mit Zeitschriften, Kleingruppentraining im Zirkel

	Elan Lifestyle Club Berlin (Elan Lifestyle Club, 2017)	Clever Fit Berlin Zehlendorf (Clever Fit Berlin Zehlendorf, 2017)
Stärken	Persönliche Betreuung, rehabilitative Angebote, schnelle Erreichbarkeit von der S-Bahn, Haltestelle Lichterfelde West, Personal Training möglich, Saunabereich mit zwei verschiedenen Saunen, lange Öffnungszeiten (Mo,Mi,Fr:07:00-22:30 Uhr; Di &Do: 08:30-22:30 Uhr, Sa & So: 09:00-20:00 Uhr), Ernährungsberatung, verschiedene Events das ganze Jahr über, nicht so überfüllt wie bei einem Discounter, großes Kursangebot (unter anderem von „Les Mills"), gut ausgebildetes Personal (viele Lizenzen, größtenteils Studenten), „Amplitrain" möglich, jedoch exklusive des Monatsbeitrags	günstiger Preis, lange Öffnungszeiten (Mo-Fr: 06:00-23:00 Uhr; Sa & So: 09:00-20:00 Uhr), vielfältige Geräteausstattung, schneller Erreichbarkeit vom S Bahnhof Zehlendorf (5 Minuten mit der Bahn), verfügt über Parkplätze an der Anlage, breit in Deutschland vertreten→ Möglichkeit neben „Clever Fit Zehlendorf" auch viermal im Monat in anderen „Clever Fit „ Studios zu trainieren
Schwächen	höherer Beitrag & Aufnahmegebühr für Erwachsene, veraltete Geräte, begrenzte Anzahl an Geräten (weniger gegenüber Discounter)	zu Stoßzeiten sehr viel Betrieb, breite Masse an Menschen (Discounter ähnlich), keine Sauna, klein gehaltener Freihantelbereich, keine große Kursauswahl (zum Beispiel kein Zumba, Yoga oder ähnliches)
Positionierung	gesundheitsorientiertes Training, individuelle und persönliche Betreuung, kein „Jedermanns-Studio", da höhere Preispolitik	Breit gefächertes Angebot für „Jedermanns Training", alles zu einem möglichst niedrigen Preis

Eine zentrale Stärke des „Elan Lifestyle Clubs" in Berlin ist auf jeden Fall die individuelle und persönliche Betreuung der Kunden durch einen Trainer. Jedes neue Mitglied erhält einen individuellen Trainingsplan und eine ausführliche Einweisung in die Geräte. Dies gibt dem Kunden direkt ein gutes Gefühl, er fühlt sich wohl aufgehoben und bereut seine Entscheidung nicht. Auch die Angst, alleine gelassen und auf sich gestellt zu sein, wird ihm dadurch direkt genommen. Diese Art von Betreuung führt auf jeden Fall zu einer erfolgreichen Kundenbindung. Diese Art von Betreuung soll so auch im geplanten Unternehmen herrschen, da sich das Studio als Gesundheitsstudio positioniert und eine ständige Betreuung der Mitglieder für ein erfolgreiches Training unabdingbar ist. In diesem Punkt ist der Elan Lifestyle Club also weniger im Vorteil gegenüber dem geplanten Unternehmen. Eine andere Stärke ist das breit gefächerte Kursangebot, welches von „Les Mills" Kursen jeglicher Art bis hin zu eigenen Kreationen geht. Für den Kunden ist alles von Yoga und Pilates bis hin zu hochintensiven Fitnesskursen dabei. Durch das Kursangebot verteilt sich die Masse auch zu Stoßzeiten sehr gut, weshalb das Fitnessstudio insgesamt nicht so überfüllt wirkt. So kann der Kunde auch zu „Prime-Zeiten" sein Training ohne langes Warten an den Geräten absolvieren. Das geplante Studio bietet ebenfalls Kurse der Fitnessgruppe „Les Mills" an, es ist dem Elan Lifestyle Club von den einzelnen Angeboten sehr ähnlich. Eine zentrale Schwäche jedoch ist der höhere monatliche Beitrag bei Erwachsenen gegenüber einem Discounter wie „Clever Fit". Dieser geht erst ab 45€ los und ist mit einer zusätzlichen „Aufnahmegebühr" von 89€ für die Trainingsbetreuung und die Clubkarte verbunden. Vor allem der hohe „Startpaket-Preis" könnte manche Kunden abschrecken. So zum Beispiel die Kunden, die gar keine Trainingsplanerstellung oder Betreuung wünschen. So müssen auch die Kunden, die eigenständig trainieren möchten, trotzdem das Starterpaket zahlen. Dieses Problem gibt es ebenfalls im geplanten Gesundheitsstudio, wobei die angesprochene Hauptzielgruppe größtenteils eine solche Trainingseinweisung und Betreuung wünscht. Eine weitere Schwäche ist die begrenzte Anzahl und die Modernität der Geräte in dem Fitnessstudio. Bei einem höheren Beitrag pro Monat erwarten die Kunden somit auch ein höheres Leistungsspektrum und eine breite Masse an neuen Geräten. Hier ist also das Preis-Leistungs-Verhältnis zu kritisieren. Gegenüber dem eher gesundheitsorientierten Studios Elan Lifestyle Club steht das Franchise Unternehmen Clever Fit. Eine zentrale Stärke hier ist, dass man nicht nur im Clever Fit Zehlendorf trainieren kann, sondern auch viermal im Monat die Möglichkeit hat, in einem anderen Clever Fit zu trainieren. So kann der Kunde auch wenn er aus geschäftlichen oder weiteren Gründen unterwegs ist, andere Clubs nutzen, ohne extra Geld dafür zahlen zu müssen. Da es über 250 Clever Fit Studios in Deutschland gibt, hat der Kunde einen großen Nutzen von dieser Möglichkeit. Eine andere Stärke des Clever Fit in Zehlendorf sind die Tarife. Für höchstens 29,90 € im Monat erhält man schon das „All In" Paket, welches neben dem Training auch ein Getränke Abo, „Clever Sun" & „Clever Relax" beinhaltet. Solche Angebote versprechen oft eine breite Masse an Kunden. Mit diesem Tarif können der Elan Lifestyle Club in Berlin und das geplante Unternehmen nicht mithalten. Allerdings ziehen niedrigere Preise auch oft ein anderes Publikum an, als das, welches die Hauptzielgruppe des geplanten Unternehmens und des Elan Lifestyle Clubs ist. Neben den Stärken gibt es natürlich auch Schwächen, die das Fitnessstudio Clever Fit aufweist.

Zum einen gibt es kein großes Spektrum an Kursen. Kurse wie Zumba oder Yoga fehlen dem Kunden hier. Für Menschen, die großes Interesse am Gruppentraining haben ist das Kursangebot des Clever Fit Zehlendorfs zu klein gehalten. Hier punktet das geplante Unternehmen mit seinem breit gefächerten Kursangebot von „Les Mills" und weiteren eigenen Kreationen bis hin zur Wirbelsäulengymnastik. Ein weiterer Schwachpunkt gegenüber dem Elan Lifestyle Club und ebenfalls gegenüber unserem geplanten Unternehmen ist, dass das Clever Fit Zehlendorf über keinen Saunabereich verfügt. Vielen Mitgliedern ist es wichtig, nach dem Training noch gemütlich in der Sauna zu regenerieren. Das Clever Fit ist zwar von dem monatlichen Beitrag günstiger aufgestellt, dafür macht es jedoch Abzüge im Thema Wellness.

1.6 Beurteilung der Marktanalyse

Aufgrund der bisherigen Analyse des geplanten Marktgebietes, erweist sich dessen Attraktivität als sehr hoch. Daher ist es realistisch, dass das angegebene Ziel von 700 Mitgliedern nach dem ersten Geschäftsjahr zu erreichen ist. Der Standort befindet sich in einer top Lage, direkt in einem Einkaufszentrum, welches mit den öffentlichen, aber auch privaten Verkehrsmitteln, sehr gut zu erreichen ist. Da man von dem Fitnessstudio auch schnell mal in einem Drogerie-, Rewe- oder beispielsweise Saturnmarkt ist, lässt sich das regelmäßige Training gut mit anderen Erledigungen vereinbaren. Außerdem ist der Ortsteil Steglitz-Zehlendorf mit einer der geringsten Arbeitslosenquoten in Berlin bemessen, welches dem geplanten Gesundheitsstudio mit einem Monatsbeitrag von 50 Euro zu Gute kommt. Auch das Durchschnittsalter von 47,8 Jahren in diesem Ortsteil passt zu der gewählten Hauptzielgruppe des Gesundheitsstudios. Schaut man auf die Wettbewerber, sind die nächst liegenden Fitnessstudios das „Sportstudio Fit my life", ein „EMS" Fitnessstudio, das „Clever Fit", ein „Mrs. Sporty Club", „Clays" und das „Elan Lifestyle Club". Da das Gesundheitsstudio eine andere Hauptzielgruppe als ein EMS oder Frauenfitnessstudio hat, sind der „Mrs. Sporty Club", das „EMS" Studio und das „Sportstudio Fit my life" keine wirklichen Konkurrenten für das geplante Unternehmen. Die beiden Gesundheitsstudios „Elan Lifestyle Club" und „Clays" sind vom Angebot im Vergleich zu dem geplanten Unternehmen ebenfalls sehr gut aufgestellt. Sie werben ebenfalls mit vielen verschiedenen Angeboten wie Wellness, gesundheitliches Training oder gut ausgebildeten Personal. Das geplante Gesundheitsstudio grenzt sich jedoch von den anderen beiden ab, indem es neben rehabilitativen Angeboten, auch präventive Angebote bereit hält und in Kooperation mit Ärzten und Krankenkassen steht.

Dies verschafft Kunden den Vorteil bei ihrem Beitrag durch Bezuschussung der Krankenkassen zu sparen. Außerdem werden vor jeder ersten Trainingseinweisung und anschließend in einem immer wiederkehrenden Zyklus von drei Monaten verschiedene Messungen mit dem Kunden durchgeführt, die das Training so zielgerichteter und genau auf den Kunden abgestimmt machen. Neben den beiden Gesundheitsstudios, gibt es in der Nähe auch noch das „Clever Fit", welches durch das breit gefächerte Angebot ebenfalls zu einem Mitbewerber wird. Allerdings kann das geplante Unternehmen hier klar mit einer individuelleren Trainingsbetreuung punkten, da das „Clever Fit" Studio eher auf möglichst viele Mitglieder zu einem geringen Preisangebot ausgelegt ist. Insgesamt kann man also sagen, dass die Lage des planten Gesundheitsstudios trotz einiger Konkurrenten, sehr gut gewählt ist, da es zentral in einem Einkaufszentrum liegt und in einem Ortsteil, in dem die Kaufkraft höher ist, als in anderen Teilen Berlins.

2 Marketingplanung

2.1 Budgetplanung

Das Jahresmarketingbudget für das erste Geschäftsjahr anhand der Methode „Marketingkosten pro Neukunde" wird wie folgt berechnet. 700 Neukunden * 40 €/ Neukunde = 28.000 €. Die Zahlen sind mit den Erfahrungswerten der Unternehmensgruppe aus der Aufgabenstellung kalkuliert.

2.2 Kommunikationspolitik

Um einen erfolgreichen Start des Unternehmens zu garantieren, ist es wichtig, schon vor dem eigentlichen Marktstart viele Mitglieder für das Gesundheitsstudio zu gewinnen. Dafür eignet sich eine erste Vermarktungskampagne, welche drei verschiedenen Instrumenten der Kommunikationspolitik beinhaltet. Im Rahmen der Planung für das neue Studio soll hier die Werbung, das Social Media Marketing und das Event-Marketing genutzt werden. Das Social Media Marketing wird ausgewählt, da es unter anderem den Bekanntheitsgrad erhöht, ein Image bildet und den Absatz steigert. Zudem sind heut zu Tage viele Menschen auf Seiten wie Facebook oder ähnlichem unterwegs. Allein 1,87 Milliarden monatlich aktive Nutzer weist Facebook für den Monat Januar 2017 auf (Statista, 2017). Das zweite ausgewählte Instrument ist das Event Marketing, welches ebenfalls hauptsächlich Ziele wie Imagepflege, Erhöhung des Bekanntheitsgrades, aber auch Kundenbindung beinhaltet (Zanger & Drenger, 2004).

Tab.: 3: Instrumente der Kommunikationspolitik

	Werbung	Social Media Marketing	Event Marketing
Ziel der Kampagne	Bekanntheitsgrad erhöhen, Kundengewinnung	Bekanntheitsgrad erhöhen, Imagepflege,	Imagepflege, Kundengewinnung
Gesonderte Ziele	Einführungswerbung: Erstmalige Werbung für ein neues Produkt (Unternehmen)	Bekanntheitsgrad erhöhen, Hauptzielgruppe: 18-40 Jährige	Individuelle Kommunizierung, Aufmerksamkeit erzielen, steigende Erlebnis.-und Genussorientierung
Botschaften	Notwendigkeit eines gesundheitsorientierten Trainings unter professioneller Aufsicht wird verdeutlicht, rehabilitativ sowie auch präventiv	Erfolge durch professionelle Betreuung und Analysen (z.B. Körperzusammensetzungsanalysen) zieht Aufmerksamkeit auf sich	Spüren der eigenen Muskulatur an den verschiedenen Geräten, direkte positive Effekte (körperliches Wohlfühlbefinden, etc.), Spaßorientiert
Inhalt der Kampagne	Zeitungsartikel mit aufmerksamkeitserregendem Bild→ „Hot Button" beim Kunden treffen. Dazu gibt es einen direkten Gutschein (5er Karte) zu fünf kostenlosen Trainingseinheiten oder der Möglichkeit bei der Anmeldung zu sparen.. Wer sich nach dem ersten Probetraining direkt anmeldet erhält bei der Anmeldung 100 Rabatt auf die nächsten Beiträge. Nach dem zweiten Training sind es nur noch 70€ usw.	Hauptplattform: Facebook→ regelmäßige Posts + gesunde Fitnessrezepte, Trainingstipps, etc., um möglichst viele Abonnenten zu erhalten. Kooperationen zu anderen Gesundheitszentren verschaffen zusätzliche Abonnenten. Aktion: die ersten 1.000 Follower erhalten bei Abschluss einer Mitgliedschaft einen Rabatt von 100€. Ziel: möglichst schnell viele Menschen auf das Studio aufmerksam machen.	„Tag der offenen Tür" im neuen Gebäude. An diesem Tag werden neue Geräte vorgestellt und ausprobiert, Gewinnspiele und Verlosungen betrieben und ein Koch-und Ernährungsworkshop veranstaltet. Jeder Besucher erhält einen Gutschein für einen fünf Euro „Bistroverzehr" für die Produkte im neuen Studio. Ziel: potentielle Kunden schon vor der Eröffnung begeistern + erlebnisorientierten Tag gestalten.
Zeitliche Organisation	Drei Wochen vor der Eröffnung erscheint der Artikel mit den Probetrainings-Gutscheinen in der Zeitung. Eine Woche vor der Eröffnung soll es noch einmal beigelegte Gutscheine in der Zeitung geben.	Zwei Monate vor Eröffnung: Accounts erstellen + Infos der Aktion. Jeden Tag soll es einen Post über eine gesunde „Fitnessmahlzeit des Tages" und jede Woche eine „Trainingsweisheit der Woche" geben.	Zwei Monate vorher: Getränke-und Essensplanung. Einen Monat vorher: Start der Werbung + Helfer für den Aufbau der Geräte organisieren.. Zwei Wochen vorher: Mitarbeiter verteilen Flyer über Veranstaltung
Erfolge überprüfen	Kurzes Beratungsgespräch	Mitarbeiter für Social Media Marke-	Die herausgegebenen

10

durch	nach dem Probetraining. Ein paar Tage später: Telefonakquise (Personen abfragen, wie es ihnen gefallen hat und wie sie weiter machen möchten, sofern diese sich nicht direkt angemeldet haben). Statistik führen mit allen die sich anmelden.	ting überprüft die ersten 1.000 Follower und welche von diesen sich im Studio anmelden. Diese erhalten das Angebot. Anhand einer Statistik, kann im Nachhinein geschaut werden, wie viele sich von den Abonnenten nachher angemeldet haben.	Gutschein vom Tag der offenen Tür müssen gezählt werden. Alle Personen die bei der Anmeldung ihren Bistroverzehr Gutschein mitbringen, können in einer Statistik erfasst werden um den Erfolg durch diesen Tag zu überprüfen.

2.3 Werbeplanung

Mit über drei Millionen Einwohnern ist Berlin die größte Stadt Deutschlands. Um eine möglichst hohe Aufmerksamkeit im Zielgebiet zu erreichen, bietet sich das Medium Radio an, besonders der Sender 94,3 rs2. Laut der Media-Analyse 2017 verfolgen täglich 599.000 Personen das Programm von 94,3 rs2. Im Durchschnitt erreicht das familien-orientierte Programm von 94,3 rs2 99.000 Hörer pro Stunde in der Zielgruppe von 25 bis 49 Jahren. Von Montag bis Freitag sollen jeweils zwischen 07:00-08:00 und 08:00-09:00 Uhr zwei 30 sekündige Werbespots laufen. Um die Zielgruppe jenseits der 49 Jahre ansprechen zu können werden zusätzlich 20.000 Beilagen in der Lokalzeitung Berliner Woche im Kerngebiet Zehlendorf verteilt. Des weiteren werden 30.000 Beilagen bei der Berliner Woche in Auftrag gegeben die im engsten Umkreis mit der Zeitung verteilt werden sollen. Als drittes Mittel werden Werbeflyer ausgewählt. Die benötigten 70.000 Flyer kosten bei der Internetdruckerei Vistaprint.de etwa 812 Euro. Für die Gestaltung der Flyer werden bei einer Werbeagentur 70 Euro berechnet. Die Flyer werden durch Azubis direkt im Einkaufszentrum aktiv verteilt. Das im gleichen Zentrum gelegene Ärztehaus liegt dabei besonders im Fokus und verweist seine Patienten durch Mitgabe der Flyer direkt an das neue Gesundheitsstudio. Durch den lokalen Bezug der letzten beiden Maßnahmen ist gewährleistet, dass das Werbebudget optimal im geplanten Marktgebiet genutzt wird.

2.4 Kostenkalkulation/ Budgetvergleich bei der Werbeplanung

$28.000\,€ * 0,2 - 2.520\,€ - 400\,€ - 1.000€ - 812€ - 70€ = 798\,€$

Das zur Verfügung stehende Werbebudget beträgt 5.600 Euro. Der Radiospot beim ausgewählten Sender 94,3 rs2 kostet für fünf Tage 2.520 Euro (TOP Radiovermarktung, 2017, S.9). Hinzu kommen ca. 400 Euro an Produktionskosten für den Spot. Die 20.000 Beilagen kosten laut Angaben der Berliner Woche 1000 Euro (Berliner Woche, 2017, S.

2). Die Gesamtkosten der Flyer betragen 882€, sodass noch weitere 798€ des Werbe-budgets zur Verfügung stehen. (Vistaprint, 2017). Zunächst fällt auf, dass noch eine Menge an Budget über bleibt. Hier werden die Kosten demnach nicht voll ausgeschöpft. Allerdings ist es fraglich, ob man das über gebliebene Budget weiter ausschöpfen sollte, da es für das ausgewählte Marktgebiet nicht notwendig ist, noch mehr Flyer zu drucken. Auch die Spots im Radio laufen schon zu den „Prime-Zeiten", weshalb es möglicher-weise keinen weiteren Nutzen bringen würde noch weitere Zeiten dazu zu buchen. Ab-gesehen von den hier gewählten Werbemaßnahmen, könnte man jedoch die Werbung bei Plattformen wie Facebook und Instagram ergänzen. Hier gibt es die Möglichkeit gegen Entgeld Werbeanzeigen zu erstellen. Zusätzlich kann man dort gepostete Beiträge bewerben und somit hervorheben, um noch mehr Menschen zu erreichen. Hier würden vor allem auch wieder viele jüngere Menschen angesprochen werden.

2.5 Synergieeffekte im Rahmen der Kommunikationspolitik

Da jeder Unternehmenstyp aus der Gruppe das Werbemittel Flyer verwendet, existiert die Möglichkeit, eine gemeinsame Werbung für die jeweiligen Studiotypen zu entwer-fen. So werden noch mehr Kunden auf die Studios aufmerksam und können diese In-formation an Bekannte und Freunde, die sich eventuell für einen anderen Unterneh-menstyp als das jeweilige mehr interessieren, weiter geben. Damit verbunden könnte eine studiotypübergreifende Aktion sein, dass jeder feste Kunde, der zwei weitere Kun-den für eines der Studios wirbt, einen gratis Monat erhält. Der neue Kunde erhält bei der Anmeldung auf Empfehlung einen Rabatt von 50€. So können auch Bekannte, die sich zum Beispiel nicht für EMS-Training interessieren, jedoch dafür für Functional Trai-ning, auf Empfehlung des Freundes in ein Fitnessstudio gehen und sogar Rabatt erhal-ten. So ergänzen sich die Studios durch ihre Kooperation gegenseitig.

3 Abschlussstatement

Berlin mit seinen über 3,5 Millionen Einwohnern hat bereits schon sehr viele Angebote an Fitnessstudios. Um hier erfolgreich zu sein, gilt es sich von den anderen absetzen zu können. Mit der Eröffnung eines Discountstudios trifft man in Berlin auf viele Risiken, so könnte das Studio leicht in der Masse an Angeboten untergehen.. Das Premiumstudio weist einen geeigneten Standort auf, doch wird es hier ohne besondere Extra-Angebote aufgrund von hoher Konkurrenz, schwerer fallen sich durchzusetzen. Das EMS-Studio grenzt sich von anderen der selben Art ab, da es mit Zusatzgewichten und Cardio-Training kombiniert angeboten werden soll. So hat es gute Chancen aus der Masse heraus zu stechen. Das meiste Potenzial liegt jedoch wohl eher bei Gesundheits-und Functional Trainingsstudios, die sich mit besonderen Leistungen und Angeboten, die andere Fitnessstudios nicht haben, abgrenzen. Die beiden Unternehmenstypen Gesundheitsstudio und Functional Training Studio planen solche Leistungen wie Ernährungsberatung oder verschiedene Tests zur Trainingsoptimierung mit ein. Beide Studios weisen ein hohes Marktpotenzial auf und haben einen Standort, der zur gewählten Zielgruppe passt.

4   Literaturverzeichnis

Amt für Statistik Berlin-Brandenburg. (Hrsg.). (2015). *Statistischer Bericht.* Zugriff am 23.05.2017.   Verfügbar   unter   https://www.statistik-berlin-brandenburg.de/publikationen/stat_berichte/2015/SB_A01-05-00_2014h02_BE.pdf

Berliner Woche. (2017). *Preisliste Nr. 30, Print und Online, gültig ab 1.1.2017.* Zugriff am   23.05.2017.   Verfügbar   unter   http://service.berliner-wo-che.de/fileadmin/Verlag/PDF/Preislisten/BERLINER_WOCHE_Preisliste_Print_30_20 17.pdf

Berlin.de, Das offizielle Hauptstadtportal. (2016). *Zehlendorfer Welle.* Zugriff am 24.05.2017.   Verfügbar   unter http://www.berlin.de/special/shopping/einkaufscenter/3335973-1724954-zehlendorfer-welle.html

Clever Fit Berlin Zehlendorf. (2017). *Mitgliedschaft.* Zugriff am 24.05.2017. Verfügbar unter https://www.clever-fit.com/fitness-studios/clever-fit-berlin-zehlendorf/

Elan Lifestyle Club Berlin. (2017). *Mitgliedschaft.* Zugriff am 24.05.2017. Verfügbar unter http://elan-studio.de/

GfK GeoMarketing GmbH. (2015). *Kaufkraft der Deutschen steigt 2016 um 2 Prozent.* Zugriff am 23.05.2017. Verfügbar unter http://www.gfk.com/de/insights/press-release/kaufkraft-der-deutschen-steigt-2016-um-2-prozent/

Regionaldirektion Berlin-Brandenburg der Bundesagentur für Arbeit, Bundesagentur für Arbeit. (Hrsg.) (2017). *Der Arbeitsmarkt in der Region Berlin-Brandenburg.* Zugriff am 23.05.2017.   Verfügbar   unter https://www3.arbeitsagentur.de/web/wcm/idc/groups/public/documents/webdatei/mdaw /mjay/~edisp/egov-content504969.pdf?_ba.sid=EGOV-CONTENT504973

Statista. (2017). *Ranking der größten Social Networks und Messenger nach der Anzahl der monatlich aktiven Nutzer (MAU) im Januar 2017 (in Millionen).* Zugriff am 18.05.2017.   Verfügbar   unter https://de.statista.com/statistik/daten/studie/181086/umfrage/die-weltweit-groessten-social-networks-nach-anzahl-der-user/

Top Radiovermarktung. (Hrsg.) (2017). *Preise 2017 - Gesamtbelegung.* Zugriff am 23.05.2017. Verfügbar unter http://www.topradio.de/assets/PDF/Preislisten/TOP-PL-2017-web-2010.pdf

Vistaprint. (2017). *Flyer.* Zugriff am 23.05.2017. Verfügbar unter http://www.vistaprint.de/lpt/flyers-cat-resp-6tiles-usecases-1.aspx?mk=flyer+druckerei+online&ad=bb&crtv=9896972827&device=c&pstid=kwd-42355035710&psite=mkwid%7cC2r762HJ&couponAutoload=1&expiredCouponCode=VP1512&GP=05%2f18%2f2017+08%3a50%3a41&GPS=4400127716&GNF=0

Zanger, C. & Drenger, J. (2004). *Eventreport 2003.* TU Chemnitz.

5 Abbildungs- und Tabellenverzeichnis

5.1 Abbildungsverzeichnis

5.2 Tabellenverzeichnis